Kurbitsfrön och Rosengångar
糸と布でつくる庭

Katarina Bryggare och Nina Roeraade

Yamanashi Hemslöjd

復刊ドットコム

COPYRIGHT © 2017
Katarina Bryggare och Nina Roeraade

HANDLEDARE
Mikiko Yamanashi

PUBLISERAD AV:
Fukkan.com,co.Ltd

TRYCKERI:
Kousaido,co.Ltd, Tokyo, Japan

Boken har producerats med stöd från
Scandinavia-Japan Sasakawa Foundation

FOTO
Stefan Johansson

GRAFISK FORM
Maria Ahlgren
Sebastian Örtegren

写真：
ステファン　ヨハンソン

グラフィックデザイン：
マリア　アールグレン
セバスチャン　ウッドグレン

協力：
スカンジナビアージャパン　ササガワ基金

Vi vill så frön av inspiration, få idéer
att spira och textilier att växa fram

Naturen och slöjden är sammanlänkade. Vi inspireras både av själva naturen men också av hur naturen genomsyrar slöjden, såväl i material som i motiv och mönster. Traditionella textilier och natur är de två viktigaste inspirationskällorna för vårt konstnärliga arbete och vi låter dem växa samman i nya kombinationer och uttryck. Bygdebroderier, rossjalar, trasmattor och traditionella lapptäcken är grunden för våra textila växtprocesser. Vi färgar, broderar, klipper, målar och låter berättelser och textila objekt växa fram över arbetsbordet. Det personliga och samtida blandas med våra rötter i traditionell textilslöjd.

I denna bok har vi valt ut sju växter och skapat ett textilt herbarium. Växterna är valda utifrån ett personligt perspektiv; de hör ihop med platser och minnen som varit betydelsefulla för oss. Vi har studerat varje växt noggrant för att finna deras egenart och karakteristiska drag och har sedan gett varje växt en egen färgpalett och textila tolkningar. Vi hoppas genom boken kunna inspirera till mer textila växtprocesser, mer slöjdande och textilt skapande.

私たちのインスピレーションの庭へようこそ！

自然と手工芸は常に結びついてきました。自然は際限なく形や色の源を与えてくれ、伝統手工芸の 材料、模様、テキスタイルに活用されてきました。伝統的テキスタイルと自然が、私たちの仕事における二つの重要なインスピレーションの源であり、これらを新しい融合と表現のなかで育てていきます。民俗的なバラの花模様、伝統的な刺繍、トラスマット織り、そしてキルトなどが、私たちの"糸と布でつくる庭づくり"の基本です。 新しい物語と作品を創るために、絵を描いたり、刺繍したり、染めたりします。個々の創造性と現代のスタイルは、スウェーデンの伝統テキスタイル工芸のルーツに連なるものです。

本書では、私たちは7種の花を選び、テキスタイル植物図鑑を創りました。 花々は私たちにとって大切な思い出の場所から選びました。 それぞれの個性や特質を明らかにするために、花ひとつひとつを注意深く調べました。各花にはカラーパレットがあり、作品の中に活かされています。本書が、さらに多くの糸と布で彩る庭づくりを促し、広く手工芸の創作へのヒントになることを願っております。

Blåklint
ヤグルマソウ

FYNDPLATS:
Björkö, Åbolands skärgård

FÄRG:
En palett av blå toner, från djupblått till silvervitt.

TEXTILA VÄXTPROCESSER:
När vi grävde bland vantmönster från Dalarna hittade vi flera som påminde oss om blåklinten. Vi plockade några och lät dem växa till nya mönster.

私たちが見つけた場所：
ビヨルクウ、オーボランズ群島

色：
深いブルーから銀白までの様々なブルーのトーン

インスピレーションの源：
ダーラナのミトンにヒントを得て、この花に相応しい、いくつかのパターンを見つけました。その中から新しい組み合わせにして形を完成させました。

  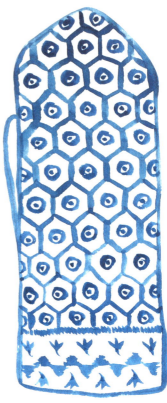

Ros
バラ

FYNDPLATS:
Saxe, Dalarna

FÄRG:
Rödrosa toner och guldockra

TEXTILA VÄXTPROCESSER:
Våra målade rosor har sina rötter i traditionella mönster från sjalar och hättor. Vi får hjälp att sköta dem av små figurer inspirerade av traditionella broderier från Jämtland.

私たちが見つけた場所:
サックス、ダーラナ地方

色:
赤味がかったピンクと金色の黄土色

インスピレーションの源:
私たちが描くバラは昔の帽子や
ショールの伝統モチーフから取りました。
ヤムトランド地方の模様をヒントに
小さい形をとり合わせて、完成させました。

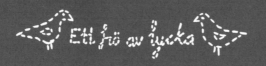

Renfana
ヨモギ

FYNDPLATS:
Saxe, Dalarna

FÄRG:
Gula toner, senapsgult och sepia.

TEXTILA VÄXTPROCESSER:
Knoppar och knappar är renfanans artfränder. En del växter sprider sina frön med vinden andra sprider sig via sina rotsystem. Vi sprider ut renfanans blomsterprickar och låter nya prickmönster växa fram.

私たちが見つけた場所：
サックス、ダーラナ地方

色：
黄系、マスタード色、セピア色

インスピレーションの源：
よもぎ（蓬）の芽もつぼみも同じようなもの。植物によっては、種は風によって撒かれ、根によっても拡がります。よもぎの花のドットをつくり、新しいデザインの華を咲かせます。

Nåssla
イラクサ

FYNDPLATS:
Björkö, Åbolands skärgård

FÄRG:
Gröna toner och mörkt purpurlila

TEXTILA VÄXTPROCESSER:
Blad och blomformer inspirerar, men även växtens karaktär och insida. Innanför nässlans stickiga yttre finns fibrer som går att spinna till tråd och när bladen kokas mjuka kan de förvandlas till en god soppa. Vi tar fram nässlans mjuka sidor genom att varsamt klippa av den med en tovad sax.

私たちが見つけた場所：
ビヨルクウ、オーボランズ群島、シエルゴール

色：
グリーン系、濃紫

インスピレーションの源：
花の姿は形ばかりでなく、
インスピレーションの源になります。
イラクサの茎の中から繊維が紡がれ糸になり、
葉をやわらかく煮れば、おいしいスープができます。
イラクサの中味を調べてみるため、
フェルト製のハサミでやさしく切りました。

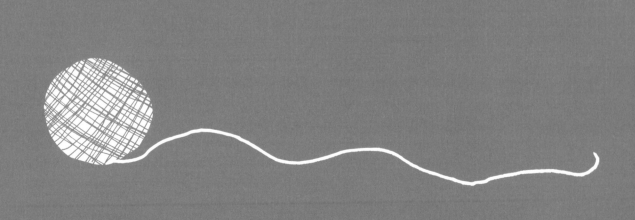

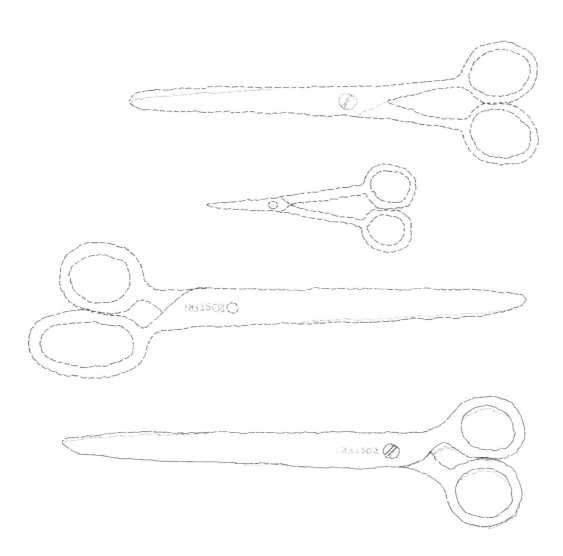

BRÄNNÄSSLA, URTICA DIOECA L.

Humleblomster
ダイコンソウ

FYNDPLATS:
Ornö, Stockholms skärgård

FÄRG:
Persikorosa, milt gulgrönt, vinrött och plommonlila.

TEXTILA VÄXTPROCESSER:
Med inspiration från gamla svenska lapptäcken har vi plockat lappar, skira och silkiga likt humleblomstrens blomblad och grova som dess ulliga stjälk. Lapparna har fått suga åt sig färgerna från färgbaden. Vi samman fogar dem med små tunna nervtrådar.

私たちが見つけた場所：
オモー、ストックホルムの群島

色：
桃色、淡黄緑、ワインレッド、プラム紫

インスピレーションの源：
スウェーデンのキルトにヒントを得ました。
花びらのように透けて絹のようなものから
ウールの茎のような粗いものまで、
様々なパッチをあしらいました。
正確な色を得るため、全てのパッチは手で染めてから、
美しいステッチで一緒に刺し合わせました。

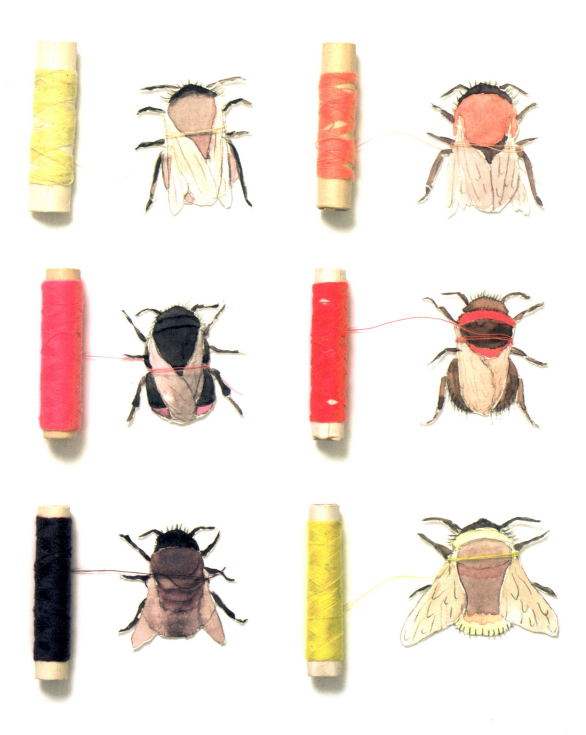

Vildmorot
ノニンジン

FYNDPLATS:
Vamlingbo, Gotland

FÄRG:
Gråvita toner, mörka toner mot gråsvart och ljust gulgrönt.

TEXTILA VÄXTPROCESSER:
När vi plockade vildmoroten såg vi att den består av hundratals små vita blommor och i mitten en mörk blomprick. I små, små vita vävar plockar vi in mönster i form av mörka prickar. De prickiga rapphönsen fann vi mitt bland vildmorötterna på den torra ängen.

私たちが見つけた場所：
ヴァムリングボー、ゴットランド

色：
灰色がかった白色、濃灰色、明るい黄緑

インスピレーションの源：
野生の人参を束ねると、ひとつの花の中心がほんのりと濃い、何百という小さい花で創られているのがわかります。この小さい織りのようなイメージから、小さい花の濃いめのドットを作ります。

―どうして、ここにウズラがいるの？
ノニンジンが見つかる草地の中に
ウズラを見つけたからよ。

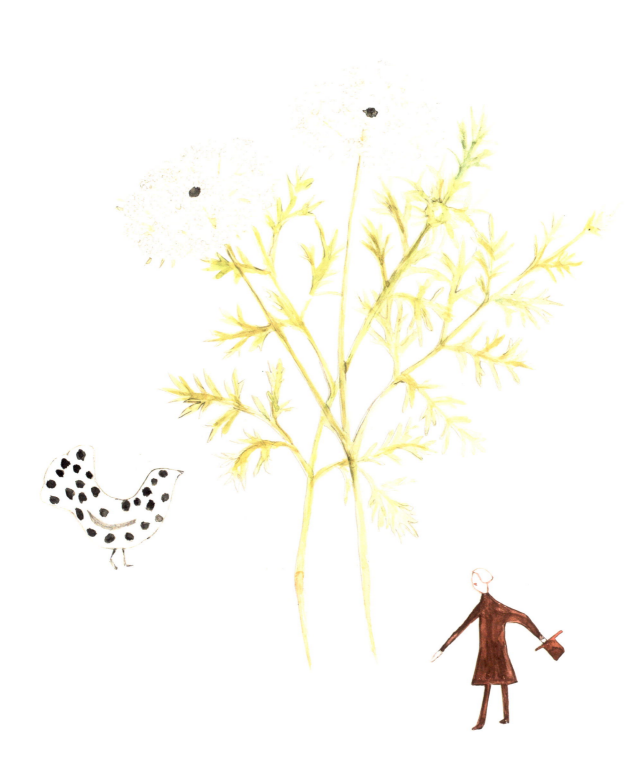

Vitklöver
シロツメグサ

FYNDPLATS:
Mörtö, Stockholms skärgård

FÄRG:
Vita toner, rosa toner, ljust brungrönt
och ljust rödbrunt.

TEXTILA VÄXTPROCESSER:
Inspirerade av traditionella vävda trasmattor
låter vi nya berättelser växa fram i vävstolen.
Klöverängarna blommar och gamla trasor
får nytt liv.

私たちが見つけた場所：
モートゥ、ストックホルムの群島

色：
白系、ピンク系、淡黄色、明るい栗色

インスピレーションの源：
伝統的な織のカーペット（裂布でできたトラスマット）からヒントを得て、織機の中で新しい物語を紡ぎました。牧草地にシロツメグサの花が咲き、古いトラスマットが新しく蘇ります。

Fyll fickorna med blommor
ポケットを花いっぱいに

FÖRKLÄDE:
Mått: B 56 cm H 49 cm
Knytband: L 220 cm H 3 cm

エプロン:
前 49(タテ)×56cm(ヨコ)
紐 3(巾)×220cm(長)
用意する布
厚地の麻布・生成り
55×62cm,紐用9×224cm

1) LANGETTSÖM
ブランケットステッチ

2) EFTERSTYGN
バックステッチ

3) FLÄTSÖM
ヘリングボーンステッチ

4) SCHATTERSÖM
ロングアンドショートサテンステッチ

5) STJÄLKSTYGN
ステムステッチ

6) KRÅKSPARK
フェザーステッチ

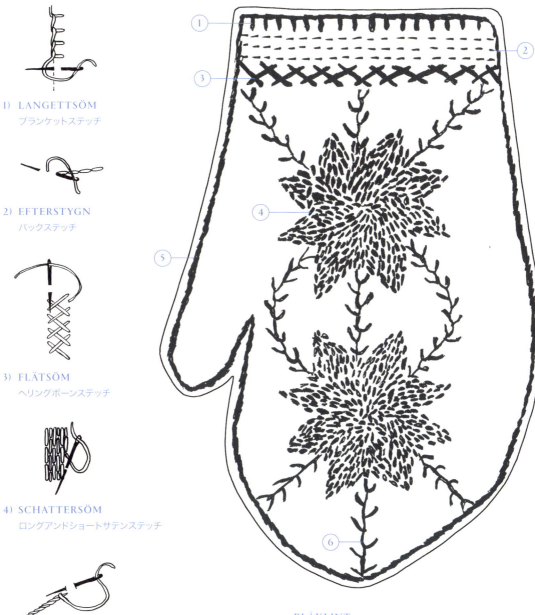

BLÅKLINT:
Mått ficka: B 10 cm H 15 cm
Broderigarn: 2 tr Danskt Blomstergarn
Färg: # 228

ヤグルマソウ:
出来上がりサイズ：10(ヨコ)×15 cm(タテ)
用意する布：麻布・生成り 18×22 cm
糸：デンマークの花糸 #228(ブルー)を2本取りで刺す
制作メモ：刺繍の後に薄地の木綿布で裏打ちをしてポケットを付ける。

ROS:

Mått: B 24 cm, H 12 cm
Broderigarn: 1 tr
Danskt Blomstergarn
Färg: # 86

バラ：

出来上がりサイズ：24(ヨコ)×12cm (タテ)
用意する布：厚地の麻布・生成り 27×17cm
糸：デンマークの花糸#86(ダークピンク)1本取り
制作メモ：刺繍の後に薄地の木綿布で裏打ちをしてポケットを付ける。

1) **LANGETTHJUL**
ブランケットステッチ

2) **LANGETTSÖM**
ブランケットステッチ

3) **EFTERSTYGN**
バックステッチ

4) **OLIKSIDIG PLATTSÖM**
サーフェイスサテンステッチ

5) **FRANSKA KNUTAR**
フレンチノット

6) **SCHATTERSÖM**
ロングアンドショートサテンステッチ

7) **ÖGLESTYGN**
レーゼーデージステッチ

Så ett frö av lycka
一粒の幸福の種をまく

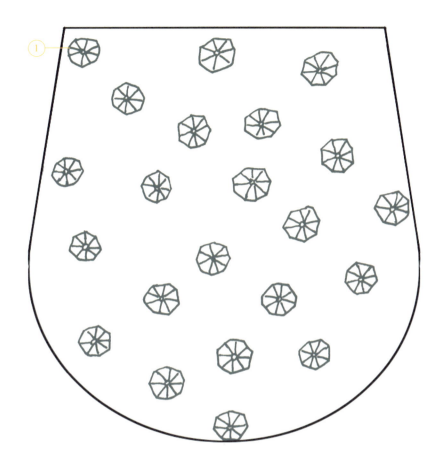

D LANGETTHJUL
ブランケットステッチ

RENFANA:
Mått ficka: B 10 cm H 11 cm
Broderigarn: 2 tr
Danskt Blomstergarn
Färg: # 48

ヨモギ:
出来上がりサイズ：10(ヨコ)×11cm(タテ)
用意する布：厚地の麻布・生成り 16×18cm
糸：デンマークの花糸 #48(イエロー)2本取り
制作メモ：刺繍の後に薄地の木綿布で裏打ちをしてポケットを付ける。

1) EFTERSTYGN
   バックステッチ

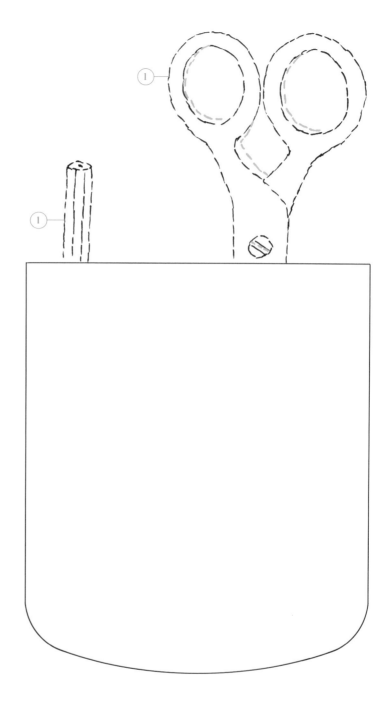

NÄSSLA:
Mått broderi: H 6 cm
Mått ficka: B 9 cm H 11 cm
Broderigarn: 1 tr sytråd
Färg: Svart och grå

イラクサ:
出来上がりサイズ: 9(ヨコ)×11cm(タテ)
用意する布: 厚地の麻布・生成り
15×15cm(ポケット部分)
糸: 縫い糸 黒、グレー、1本取り
制作メモ: 刺繍は直接エプロン地に刺す。

HUMLEBLOMSTER:

Mått ficka: B 12 cm H 14 cm

Broderigarn: 2 tr

Danskt Blomstergarn

Färg: # 4, # 12, # 2, # 47

ダイコンソウ:

出来上がりサイズ: 12 (ヨコ)×14 (タテ)

用意する布: 厚地の麻布・生成り 16×18cm

糸: デンマークの花糸 #2(ピンク)#4(ワインレッド),#12(淡ピンク), #47(ダークイエロー) 2本取り

制作メモ: 刺繍の後に薄地の木綿地で裏打ちをしてポケットを付ける。

BOTTENSÖMMAR
フィリングステッチ

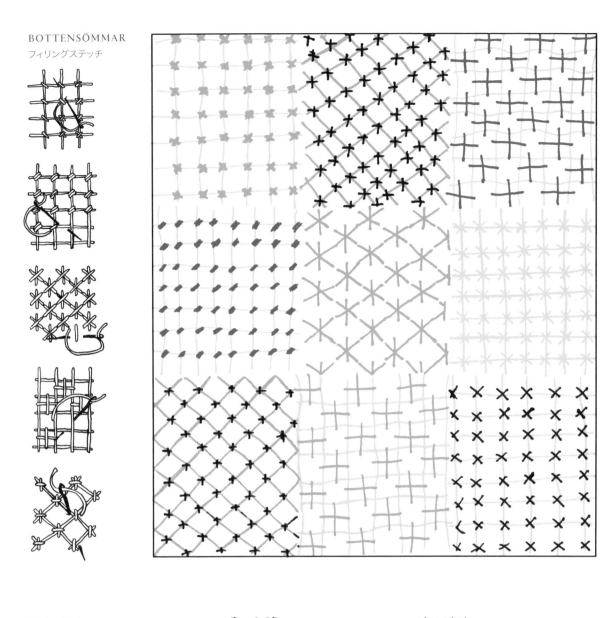

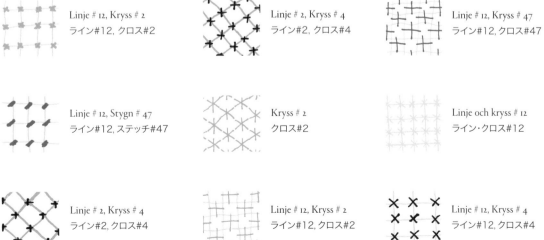

VILDMOROT:
Mått ficka: B 22 cm H 15 cm
Broderigarn: 1 tr Danskt Blomstergarn
Färg: # 240

ノニンジン:
出来上がりサイズ: 22(ヨコ)×15cm(タテ)
用意する布: 厚地の麻布・生成り 26×19cm
糸: デンマークの花糸 #240(黒) 1本取り
制作メモ: 刺繍の後に薄地の木綿布で裏打ちをしてポケットを付ける。

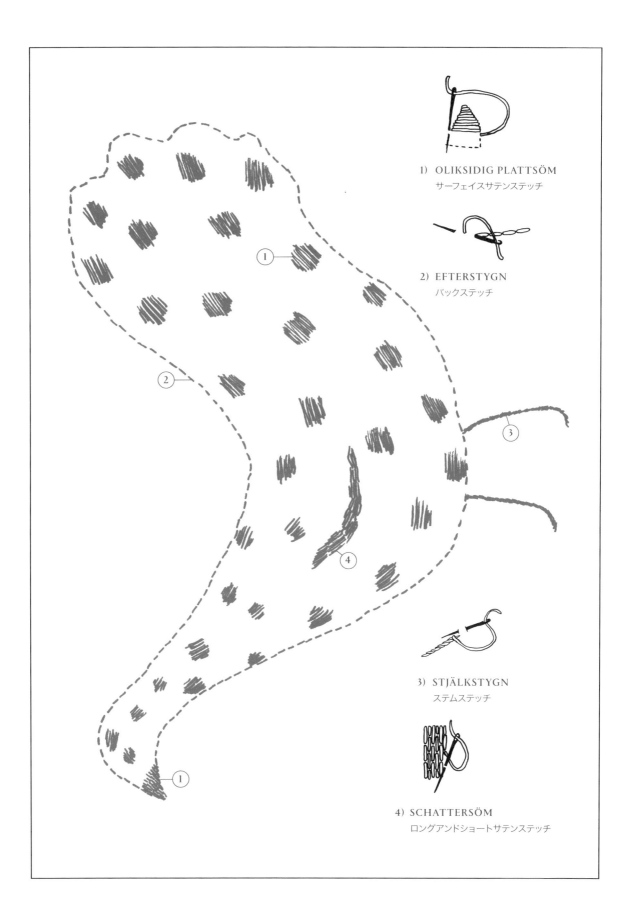

VITKLÖVER:
Mått: B 24 cm, H 12 cm
Broderigarn: 1 tr Danskt Blomstergarn
Färg: # 86, # 225, # 12

シロツメグサ:
出来上がりサイズ：
24（ヨコ）×12cm（タテ）
用意する布：厚地の麻布・生成り 26×16cm
糸：デンマークの花糸
#86（ダークピンク）#225（淡黄色）#12（ピンク）1本取り
制作メモ：刺繍の後に薄地の木綿布で裏打ちをしてポケットを付ける。

1) **SCHATTERSÖM**
   ロングアンドショート
   サテンステッチ

2) **EFTERSTYGN**
   バックステッチ

Linjer: # 86
Fyllning och mönster:
86, # 225, # 12

アウトライン：
#86(ダークピンク)
人物と衣装柄：
デンマークの花糸
#86(ダークピンク)
#225(淡黄色)
#12(ピンク)

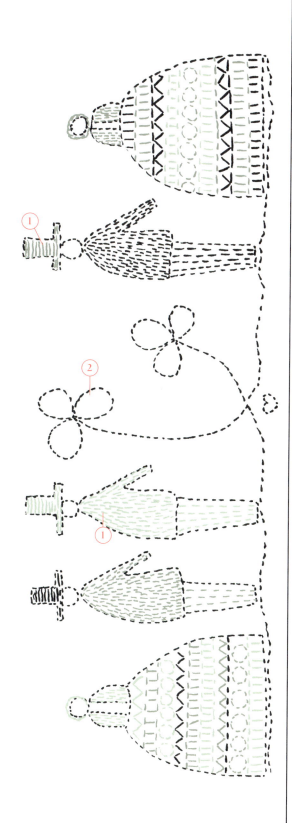

Katarina Bryggare och Nina Roeraade är textilformgivare och konstnärer utbildade på HV skola och därefter på Konstfack respektive Textilhögskolan i Borås och Gerrit Rieltveld Academie. Något som förenar dem i deras konstnärskap är kärleken till det handgjorda. I den traditionella slöjden hittar de en inspirerande värld av surrealism och saga likaväl som funktionella lösningar och respekt för material och detaljer. Materialsamverkan och färgharmonier är ofta tongivande i arbetet och naturen är en återkommande inspirationskälla.

カタリーナ　ブリュガレ　ニーナ　ルーラーデ

経歴
テキスタイルデザイナーのユニット。　共にHV（ストックホルムの手工芸学校）卒。その後、カタリーナはストックホルムの芸術大学へ、ニーナはボロース大学（テキスタイル科）とオランダのアムステルダム　Gerrit Rietveld Academy of Arts で学ぶ。二人の芸術的才能を強く結びつけているのは、手づくりへの愛。伝統的テキスタイルと自然が主要なインスピレーションの源になっている。　伝統工芸の中にシュールなお伽噺的世界と機能性の両方を見いだし、自然からは形、色、素材のインスピレーションを与えられている。

制作協力　山住良子

Kurbitsfron
och Rosengångar
糸と布でつくる庭

2017年3月25日　初版発行

著者　カタリーナ　ブリュガレ　ニーナ　ルーラーデ
監修　山梨幹子（NPO法人ヤマナシヘムスロイド）

発行者　左田野　渉
発行所　株式会社復刊ドットコム
　　　　〒105-0012
　　　　東京都港区芝大門2-2-1 ユニゾ芝大門二丁目ビル
　　　　電話 03-6800-4460（代）http://www.fukkan.com/
印刷・製本　株式会社廣済堂

乱丁・落丁はお取り替えいたします。
本書の無断複製（コピー）は著作権法上での例外を除き、禁じられています。
定価はカバーに表示してあります。

©Katarina Bryggare och Nina Roeraade 2017
ISBN978-4-8354-5468-9 C2077 Printed in Japan